Original en couleur
NF Z 43-120-8

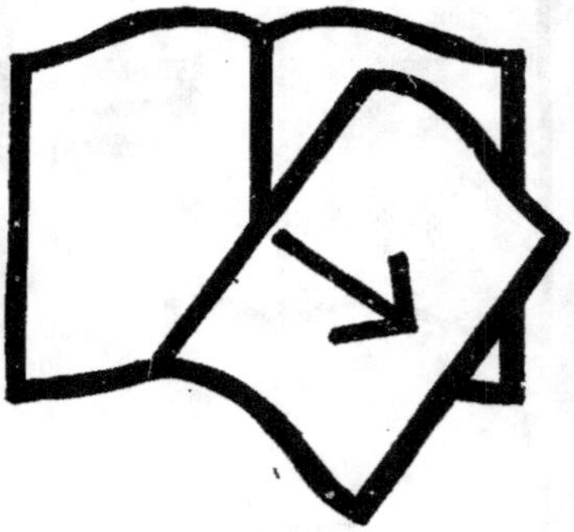

Couverture inférieure manquante

ÉTUDE

SUR LES

CHARTES DE FONDATION

DE

L'ABBAYE DE SAINT-PIERRE-LE-VIF

LE DIPLOME DE CLOVIS

ET

LA CHARTE DE THÉODECHILDE

PAR

M. MAURICE PROU

Mémoire lu à la séance du Cinquantenaire de la Société archéologique de Sens

LE 20 JUIN 1894

SENS
IMPRIMERIE DE PAUL DUCHEMIN
1894

ÉTUDE

SUR LES

CHARTES DE FONDATION

DE

L'ABBAYE DE SAINT-PIERRE-LE-VIF

LE DIPLOME DE CLOVIS

ET

LA CHARTE DE THÉODECHILDE

PAR

M. MAURICE PROU

Mémoire lu à la séance du Cinquantenaire de la Société archéologique de Sens

LE 20 JUIN 1894

SENS

IMPRIMERIE DE PAUL DUCHEMIN

1894

ÉTUDE SUR LES CHARTES

DE FONDATION

DE L'ABBAYE DE SAINT-PIERRE-LE-VIF

LE DIPLOME DE CLOVIS

ET

LA CHARTE DE THÉODECHILDE

Les deux documents les plus anciens qui mentionnent la fondation du monastère de Saint-Pierre-le-Vif, de Sens, sont un diplôme du roi Clovis Ier et une charte de donation de la reine Théodechilde. Leur authenticité a été contestée à plusieurs reprises. En ce qui concerne le diplôme de Clovis, la question nous paraît jugée. Condamné par les plus savants diplomatistes, il n'a trouvé grâce qu'auprès des historiens de Saint-Pierre-le-Vif. Si je crois pouvoir soumettre ce document à un nouvel examen, c'est d'abord qu'on s'est plus attaché à la forme qu'au fond même, de telle sorte que les partisans de son authenticité, tout en reconnaissant qu'il ne nous est pas parvenu dans sa rédaction primitive, ont pu soutenir qu'il présentait les restes d'un diplôme authentique rajeuni et interpolé. Il importe donc de rechercher si ces prétendus débris d'un diplôme chlodovéen existent. De plus il ne suffit pas de démontrer qu'un acte est faux; il reste ensuite à déterminer l'époque de sa composition : personne ne l'a tenté pour le diplôme de Clovis. Ce n'est cependant pas peine perdue. Car si un acte faux ne peut être utilisé pour l'époque sous laquelle son auteur l'a inscrit, il est un document pour le temps même de sa rédaction. Comme l'a si bien dit un maître de la critique historique moderne, parlant de faux actes mérovingiens : « Au lieu de les rejeter absolument comme de la fausse monnaie historique, il faut en séparer les éléments par la critique et assigner l'emploi de chacun d'après le temps auquel il se rapporte (1). » Est-il besoin de rappeler aussi les résultats importants auxquels ont abouti les recherches du très regretté Julien Havet sur plusieurs diplômes faux de l'époque mérovingienne ?

Pour ce qui regarde la donation de Théodechilde, la question est plus délicate. Pardessus et Pertz sont les seuls auteurs qui l'aient rejetée du nombre des actes authentiques. La plupart des historiens ont cru qu'elle n'était qu'interpolée.

L'original du diplôme de Clovis est inconnu. En 1620 il existait, dans les archives de l'abbaye de Saint-Pierre, un prétendu original qui, malheureusement, a disparu. Dom Mathoud (2) rapporte qu'envoyé à Paris à

(1) Quicherat, *Critique des deux plus anciennes chartes de l'abbaye de Saint-Germain-des-Prés*, dans *Biblioth. de l'Ecole des Chartes*, t. XXVI (1865), p. 512 et suiv.

(2) D. Mathoud, *De vera Senonum origine Christiana*, p. 42. — Dans un inventaire des titres de Saint-Pierre-le-Vif rédigé en 1703, on lit, à propos de la fondation de l'abbaye par Clovis I et sa fille Théodechilde en 499 : « Nota : on prétend que la charte en original de cette fondation est dans la bibliothèque de M. le président de Mesme. » (*Inventaire sommaire des archives du département de l'Yonne*, série H, p. 38.)

l'occasion d'un procès, il resta chez le Président de Mesme. Mais il a existé un grand nombre de copies, dont quelques-unes authentiques, c'est-à-dire vidimées par les détenteurs de l'autorité publique. Les seules copies qui nous aient été conservées sont, à ma connaissance, les suivantes : 1° copie du XIVe siècle, sur parchemin, Bibliothèque nationale, ms. lat. 11743 (ms. de Harlay), fol. 494 ; 2° copie du XVIe siècle, Bibliothèque nationale, collection Dupuy, vol. 222, fol. 1, d'après une copie donnée « soubz le seel de la prévosté de Sens, le lundi apprès la Circoncision Nostre Seigneur, l'an mil trois cens soixante et huit » ; 3e copie de la fin du XVIe siècle, Bibliothèque nationale, collection de Champagne, vol. 42, fol. 85 ; 4e copie du XVIe siècle, Archives départementales de l'Yonne, H 167 ; 5e copie du XVIe siècle, mêmes archives (Bibliothèque de Sens), H 32, n° 1 ; 6e copie du XVIe siècle, mêmes archives, H 32, n° 2 ; 7° copie de la fin du XVIe siècle ou du début du XVIIe siècle, sur parchemin, Bibliothèque nationale, ms. lat. 11829 (anc. résidu Saint-Germain 158), fol. 1 ; 8° copie collationnée par des notaires royaux de Mauriac, le 17 avril 1670, et contenant la transcription d'un vidimus de 1521 renfermant lui-même le vidimus de 1368, Collection Gustave Julliot, à Sens (1) ; 9° copie du XVIIIe siècle, Bibliothèque nationale, ms. lat. 12779, fol. 216, d'après une copie de 1487 : « Datum per copiam sub signo meo manuali extractam

(1) J'adresse tous mes remerciements à M. G. Julliot qui a bien voulu me communiquer cette copie, intéressante surtout par une note qu'y a ajoutée un prieur de Saint-Pierre-le-Vif au XVIIIe siècle, et de laquelle il ressort que les moines sénonais ne se faisaient plus illusion sur la valeur de leur titre.

per me a transumpto seu copia publici instrumenti sub sigillo præpositura Senonensis contenti et signati J. Hubelet, anno Domini millesimo quadringentesimo octuagesimo septimo, die vicesima mensis martii. Signé Deshayes avec paraphe. » Les autres copies ne nous sont connues que par les publications, assez négligemment faites, des diplomatistes des deux derniers siècles (1).

Parmi les copies dont nous disposons, la plus remarquable est celle qui est aujourd'hui reliée dans le manuscrit latin 11743 de la Bibliothèque nationale. Elle est sur parchemin. Certaines formes de lettres,

(1) Le diplôme de Clovis a été publié dans les ouvrages suivants : R. CHOPPIN, *Monasticon seu de jure Cœnobitarum* (Paris, 1601, in-fol.); et 2e édit. (Paris, 1610, in-fol., l. I, tit. III, § 19, p. 123.) — ANTONIO DE YEPES, *Coronica general de la orden de San Benito* (1609, in-4°), t. I, *Appendix*, fol. 25, v° (publication partielle) ; et traduction du même ouvrage par D. Olivier Mathieu, intitulée *Chroniques générales de l'ordre de S. Benoist* (Paris, 1619, in-4°), t. I, page 1126. — R. P. DOMINIQUE DE JÉSUS, *Histoire parænélique des trois saincts protecteurs du Haut Auvergne* (Paris, 1635, in-12), p. 407 (publication partielle.) — LABBE, *Meslanges curieux*, à la suite de *Eloges historiques des rois de France* (Paris, 1651, in-4°), p. 388. — SAINTE-MARTHE, *Gallia christiana* (Paris, 1656, in-fol.), t. IV, p. 725. — LE COINTE, *Annales ecclesiastici Francorum* (Paris, 1666, in-fol.), t. II, p. 49. — D. MATHOUD, *De vera Senonum origine christiana* (Sens, 1687, in-4°), p. 48 (publication partielle). — BOLLANDISTES, *Acta Sanctorum* (1709, in-fol.), Juin, t. V, p. 362. — BRÉQUIGNY, *Diplomata* (Paris, 1791, in-fol.), t. I (texte A), p. 6, n° III et p. 19, n° IV (texte B, dont il sera question plus loin). — PARDESSUS, *Diplomata* (Paris, 1843, in-fol), t. I, p. 34, n° LXIV (texte A) et p. 38, n° LXV (texte B). — PERTZ, *Monumenta Germaniæ historica*, *Diplomatum imperii* t. I (Hannoveræ, 1872, in-fol.), *Spuria*, p. 114, n° 2 (Recensions A et B). — J.-B. CHABAU, *Sainte Théodechilde, vierge, fille de Clovis* (Aurillac, 1883, in-12), p. 157. — H. BOUVIER, *Histoire de Saint-Pierre-le-Vif*, dans *Bulletin de la Société des sciences histor. et natur. de l'Yonne*, 1891, p. 198 (traduction).

comme aussi la couleur de l'encre, accusent le XIVe siècle. Mais il est visible que le scribe à qui nous la devons s'est efforcé d'imiter une écriture plus ancienne, qui, si je ne me trompe, devait remonter à la fin du XIe siècle ou au commencement du XIIe siècle. Si l'on s'est ainsi attaché à reproduire les traits essentiels d'un ancien titre, c'est que ce titre avait aux yeux de celui qui le transcrivait une importance particulière, c'est qu'il était le titre original. Je n'hésite pas à en conclure que le parchemin du manuscrit latin 11743 est une copie figurée du prétendu original. Dans la discussion qui suit je me reporterai à ce texte, assez fidèlement reproduit dans les *Monumenta Germaniæ*.

De tous les actes mis sous le nom de Clovis, celui qui a le plus longtemps résisté à la critique est le diplôme de donation de la terre de Micy aux saints Euspice et Mesmin. Mais depuis que Julien Havet en a démontré la fausseté (1), il ne reste aucune charte royale du VIe siècle dont l'authenticité soit incontestable. Pour juger de la valeur du diplôme de Saint-Pierre-le-Vif, les points de comparaison immédiate nous font donc défaut. Mais les diplômes de Clovis, à supposer qu'il en ait existé, étaient nécessairement rédigés sous une forme qui, au moins dans ses grandes lignes, ne pouvait différer de celle qu'affectent les diplômes de ses successeurs et qui devait établir la transition entre les rescrits impériaux et les actes royaux du VIIe siècle. Nous sommes donc autorisés à rapprocher de ces derniers le diplôme de Clovis pour Saint-Pierre-le-Vif, à rechercher

(1) Julien HAVET, *Questions mérovingiennes*, dans *Bibliothèque de l'Ecole des Chartes*, t. XLVI (1885), p. 224.

en quoi il en diffère, et à arguer de ces différences contre son authenticité. De plus nous pouvons examiner si les notions juridiques qu'il renferme sont conformes à ce que nous savons du droit du royaume gallo-franc au VIᵉ siècle. Enfin nous pouvons nous demander si les renseignements historiques qu'il nous fournit s'accordent avec ceux que nous apportent les chroniques mérovingiennes.

Par ce diplôme, le roi Clovis donne à sa fille Théodechilde un terrain pour y construire un monastère en l'honneur des apôtres Pierre et Paul et un grand nombre de terres ou *villæ*, d'églises et de droits ou redevances destinés à former la dotation du nouveau monastère.

Personne ne songe plus à défendre la forme même de cet acte. Il débute par l'invocation *In Christi nomine*. Or, les diplômes royaux mérovingiens débutent par une invocation monogrammatique. A vrai dire, comme nous n'avons pas l'original du diplôme, je ne saurais tirer de cette anomalie aucun argument contre son authenticité, car il serait possible qu'un copiste du moyen âge eût interprété le chrismon, l'eût développé dans la formule *In Christi nomine*. Vient ensuite la suscription *Chlodoveus rex Francorum*. Je ne m'arrêterai pas à la forme du nom royal qui devrait être *Chlodovechus*. Les copistes ne se faisaient pas faute de rajeunir les noms propres. Le qualificatif *rex Francorum* appliqué à Clovis, est bien dans les habitudes de la chancellerie des premiers rois de France. Et s'il est encore conforme aux usages que la suscription soit suivie d'une adresse, il ne l'est pas que cette adresse vise l'universalité des fidèles du

Christ : « Omnibus Christi fidelibus qui consistunt in universo regno meo pax et veritas sit semper vobiscum. » Toujours le roi s'adresse aux *viri inlustres*, c'est-à-dire aux fonctionnaires chargés de faire exécuter sa volonté (1). Après l'adresse, vient un récit tel qu'on en chercherait vainement un semblable dans les actes royaux mérovingiens. Je reviendrai sur le fond même de ce récit. Le roi parle constamment à la première personne du singulier, ce qui est absolument contraire aux règles de la chancellerie mérovingienne. « Audiens igitur ego tam justam postulationem... tradidi illi... » Et plus loin : « volo, consentio, » « trado etiam illi, » etc. Le dispositif de l'acte se termine par une prière de Clovis à ses successeurs de respecter sa donation, prière faite dans une forme absolument inconnue, je ne dirais pas à l'époque mérovingienne, mais même à l'époque carolingienne : « Postulo igitur ego Chlodoveus rex Francorum successores meos reges hanc donationem quam contuli Deo et beatis apostolis ejus et filie mee carissime Theodechildi monachisque ibi deservientibus ut firmam et stabilem permanere faciant per cuncta secula, amen. Si quis autem contra hanc scriptionem venire temptaverit, inprimis iram Dei incurrat et nullo modo evincere valeat. Omnipotens autem Deus qui dixit : michi vindictam ego retribuam ipse ; illum condempnet qui hanc nostram cartulam in aliquo calumpniam inmiserit, amen. » Un roi mérovingien ne se fût pas contenté d'appeler la colère de Dieu sur ceux qui iraient à l'encontre de sa volonté ; il n'eût pas manqué de stipuler une amende au profit du fisc.

(1) Julien HAVET, *Questions mérovingiennes*, *Ibid.*, p. 141.

Après cela, viennent : une première date, la date de lieu précédée du mot *Actum*; puis la souscription royale et une série d'autres souscriptions ; enfin, une seconde date, la date du temps (1). En ce qui concerne la date, jamais au VIIe siècle, elle n'est ainsi divisée en deux formules. C'est seulement sous les Carolingiens que s'est introduit l'usage de faire précéder le temps du mot *Datum* et le lieu du mot *Actum* (2). Encore ces deux formules se suivent-elles immédiatement. Il faut venir jusqu'aux diplômes des premiers Capétiens pour rencontrer ainsi les deux éléments de la date, l'élément chronologique et l'élément topographique, séparés par les souscriptions. La formule mérovingienne comprend le mois et le quantième, l'année du règne, le lieu; elle s'ouvre par le mot *Datum* et se clôt par une apprécation *In Dei nomine feliciter*. La date de notre diplôme ne renferme ni le quantième du mois, ni l'année du règne; en revanche, elle donne l'indiction, à savoir l'indiction I. Si le notaire qui a donné au diplôme la forme sous laquelle il nous est parvenu a négligé d'indiquer l'année du règne, c'est qu'il l'avait consignée au début même de l'acte. Le roi y rapporte que, la troisième année après son baptême, sa fille Théodechilde est venue le trouver pour le prier de lui donner une portion de son domaine afin d'y édifier un monastère. Or, le baptême de Clovis eut lieu à Noël, l'an 496 (3). Notre di-

(1) L'année de l'incarnation a été ajoutée dans quelques copies ; mais elle ne figure pas dans la copie du manuscrit latin 11743.

(2) GIRY, *Manuel de diplomatique*, p. 578.

(3) JUNGHANS, *Hist. critique des règnes de Childérich et de Chlodovech*, traduct. Monod, p. 59, 155 à 158.

plôme serait donc d'octobre 499 ou 500. Ni l'une ni l'autre de ces années ne correspond à la première indiction, qui pendant le règne de Clovis ne tombe qu'en 493 et en 508. Dira-t-on que le diplôme doit être reculé jusqu'à cette dernière date ; ce qui permettrait d'expliquer certaines allusions à des événements de l'an 507. Mais il est invraisemblable que Clovis ait attendu huit ans avant de faire droit à la prière de sa fille. Il est facile, d'ailleurs, de se rendre compte de la date assignée au diplôme de Clovis. Et c'est ici qu'éclate la fausseté de l'acte. En effet, nous savons par le chroniqueur Clarius quelles étaient les notions chronologiques suivies au monastère de Saint-Pierre-le-Vif pour le règne de Clovis. Clarius (1) rapporte à l'année 466 le commencement du règne de Childéric ; il ajoute qu'il régna vingt-quatre ans, que son fils Clovis lui succéda et que celui-ci reçut le baptême en la quinzième année de son règne. Le baptême de Clovis se placerait donc en l'année 503. Dans cette hypothèse, le diplôme serait de 505 ou 506, années qui correspondent aux indictions 13 et 14. Mais notre faussaire était sans doute un pauvre calculateur. Sachant que Childéric était devenu roi en 466 et qu'il avait régné vingt-quatre ans, il a ajouté non pas vingt-trois à 466, comme il convenait, mais vingt-quatre, ce qui lui a donné, pour l'avènement de Clovis au trône, la date de 490, puis il a procédé de même à l'égard de la date du baptême ; il a ajouté quinze à 490, d'où 505. Dès lors, le mois d'octobre, dans la troisième année après le baptême, était octobre 508.

(1). Clarius, dans Duru, *Bibliothèque historique de l'Yonne*, t. II, p. 464.

Nous avons dit que l'année 508 correspondait à l'indiction première. Malheureusement le système chronologique des moines de Saint-Pierre-le-Vif ne répond pas à la réalité des faits.

La souscription royale ne se présente pas sous la forme usitée à la chancellerie des successeurs de Clovis : *Ego Chlodoveus in Dei nomine rex Francorum manu propria signavi et subscripsi*. La formule devrait être : *In Christi nomine Chlodoveus rex subscripsi* (1).

Le nom du référendaire fait défaut. Il est remplacé par celui d'un certain *Gerlebertus* qui, à la fin du diplôme, signe : *Gerlebertus hoc testamentum scripsi et subscripsi*. S'il s'agissait d'un référendaire royal, il eût mis : *Gerlebertus optolit* (2).

On a déjà fait remarquer que c'est encore une anomalie que la présence, après la souscription royale, d'une série de souscriptions de personnes de la famille royale et d'évêques. Les diplômes mérovingiens au bas desquels figurent les noms de grands laïcs et ecclésiastiques sont rares. Il en existe cependant. Certains actes rendus dans de grandes assemblées se terminent par les noms des membres de ces assemblées. Qu'il suffise de citer le diplôme du 22 juin 653, par lequel Clovis II confirma les privilèges de l'abbaye de Saint-Denis (3). Admettons que Clovis Ier, voulant entourer sa donation de toutes les garanties possibles, en ait fait souscrire l'acte par les plus considérables du palais, encore faudrait-il que ces personnes eussent

(1) Giry, *Manuel de diplomatique*, p. 708.

(2) Giry, *Ibid*, p. 710.

(3) Tardif, *Cartons des Rois*, p. 10, n° 11.

vécu en ce temps-là. Après les souscriptions de la reine Clotilde, celles des quatre fils de Clovis, celle de Théodechilde qualifiée *filia ejus carissima*, vient la souscription d'Eraclius, évêque de Sens, qualifié *archiepiscopus Senonum*. Personne ne fera difficulté de reconnaître qu'*archiepiscopus* a été substitué, pour le moins, à *episcopus*. Car le titre d'*archiepiscopus* n'a été en usage, pour les métropolitains, qu'au IXe siècle (1). Mais le mot *Senonum* ne peut être, lui aussi, que le fruit d'une interpolation. A l'époque mérovingienne, surtout au VIe siècle, c'est exceptionnellement que les évêques, en signant un acte, désignent leur siège. Les actes des conciles en font foi (2), comme aussi le diplôme de Clovis II cité plus haut. Nous avons encore un privilège de l'an 657, accordé par l'évêque Emmon à l'abbaye de Saint-Pierre-le-Vif (3). Des vingt-six évêques qui y ont souscrit, trois seulement ont indiqué le lieu de leur résidence ; encore, sont-ce peut-être là des additions de copistes, car l'original de cet acte n'a pas été conservé, pas plus que l'original du privilège accordé par le même évêque à l'abbaye de Sainte-Colombe, dans lequel, sur vingt-six noms d'évêques, dix sont accompagnés du nom de la cité (4). Dans le diplôme de Clovis, au contraire, souscrit par huit évêques, on a pris soin d'indiquer le siège de chacun

(1) GIRY, *Manuel de diplomatique*, p. 336.

(2) Voyez *Concilia ævi merovingici*, t. I (*Monumenta Germaniæ historica*, in-4°) : Concile d'Orléans de 511, mss. O, R1, L, F, p. 11 à 13 ; Concile de Lyon entre 516 et 524, p. 34 ; Concile d'Arles, de 524, p. 37 à 39 ; Concile de Carpentras de 527, p. 41 à 43, etc.

(3) QUANTIN, *Cartulaire général de l'Yonne*, n° VI, t. I, p. 10 à 13.

(4) QUANTIN, *Ibid*, n° VII, p. 14 à 17.

d'eux. Quant à Eraclius, vivait-il sous le règne de Clovis ? Cela est probable, sans qu'on puisse l'affirmer, puisque nous n'avons sur lui aucun témoignage contemporain. Si les évêques Remi, de Reims, Principius, de Soissons, Vast, d'Arras, Guénebaud, de Laon, qui ont souscrit à notre diplôme, sont bien les contemporains de Clovis, il n'en est pas ainsi de Médard, évêque de Noyon, qui ne devint évêque qu'en 530 (1), de Germain, qui ne devint évêque de Paris qu'en 555 (2), d'Austrille, qui n'occupa le siège de Bourges qu'en 612 (3). Prétendra-t-on que les noms de ces évêques ont été ajoutés. Les exemples sont nombreux de chartes présentées, postérieurement à leur rédaction, à la signature de grands personnages. Mais c'est là une pratique dont on n'a pas d'exemple pour la période mérovingienne; outre qu'il est bien visible que ces souscriptions forment un tout. Le rédacteur a réuni les noms des plus célèbres évêques qu'il croyait avoir vécus au temps de Clovis pour en former comme une auréole de sainteté autour du monastère naissant. Quant au dernier témoin, c'est Aurélien, qui, s'il avait réellement souscrit ce diplôme, serait qualifié « vir inluster » ou « patricius » ou de tel autre titre analogue, et non pas *consiliarius regis*, titre inusité à l'époque mérovingienne. Son nom a été emprunté à l'*Historia*

(1) Voy. *Gallia Christiana*, t. IX, col. 979.

(2) Voy. *Gallia Christiana*, t. VII, col. 18. C'est à tort que les auteurs de la *Gallia* affirment que Germain assista comme abbé de Saint-Symphorien d'Autun au concile d'Orléans de 549; du moins son nom ne figure pas parmi les souscriptions.

(3) Voy. *Gallia christiana*, t. II, p. 16.

Francorum epitomata ou aux *Gesta*, qui désignent un certain Aurélien comme envoyé par Clovis auprès du roi Gondebaud pour lui demander la main de sa nièce Clotilde (1). Il est inutile d'insister davantage sur la forme de notre diplôme.

Le fond est-il meilleur ? Résiste-t-il mieux que le protocole à la critique ? Examinons les notions historiques et juridiques qu'il renferme et les termes qui y sont employés. Clovis rappelle qu'il a embrassé la foi chrétienne à l'instigation de sa femme Clotilde, qu'il a été baptisé par Remi, évêque de Reims, avec ses fils Thierry, Clodomir, Childebert, Clotaire, et d'autres grands du royaume. Trois ans après sa fille Théodechilde, qui avait voué sa virginité au Christ, vint le prier, comme il résidait à Paris, de lui abandonner une portion de son héritage ou de l'héritage de sa mère, afin d'y édifier un monastère en l'honneur des apôtres. Sur les circonstances qui accompagnèrent le baptême de Clovis nous n'avons d'autres renseignements que ceux que nous a transmis Grégoire de Tours (2). Or, il ne dit pas que les fils de Clovis aient reçu le baptême en même temps que leur père. C'était cependant un fait assez important pour qu'il le notât s'il en avait eu connaissance. Car, après avoir dit que trois mille Francs furent baptisés, il fait une mention spéciale du baptême d'Alboflède (3), sœur de Clovis. Le baptême des

(1) *Historia Francorum epitomata*, c. XVIII, *Rec. des histor. de France*, t. II, p. 398 ; *Gesta*, c. XIII, dans *Rec. des histor. de France*, t. II, p. 549.

(2) Grégoire de Tours, *Historia*, II, 31.

(3) Grégoire de Tours, *Ibid.* : « Baptizata est et soror ejus Alboflodis. »

fils du roi était d'une autre portée que celui de sa sœur. Au reste, l'un des fils de Clovis, Clodomir, si nous en croyons Grégoire de Tours (1), avait été baptisé dès sa naissance et avant la conversion de Clovis au christianisme. Ajoutons qu'il n'est pas certain que Childebert et Clotaire soient nés avant le baptême de Clovis. Enfin, il convient de remarquer que Clarius, moine de Saint-Pierre-le-Vif, est le premier historien qui rapporte que les fils de Clovis reçurent le baptême en même temps que leur père (2). Odoran (3), qui écrivait un siècle environ avant Clarius, l'ignorait. Et il est à craindre que le témoignage de Clarius et celui de notre diplôme ne fassent qu'un. Quant à la question de savoir si Théodechilde était fille de Clovis et si elle resta vierge, nous l'examinerons à propos de l'acte rédigé sous son nom.

Poursuivons la lecture du diplôme. Le roi cède aux prières de sa fille. Il lui livre une partie de son héritage « partem de hæreditate mea » qui, dit-il, lui venait de sa femme qui, elle-même, la tenait de son père, Chilpéric, roi des Burgondes. D'abord le mot *hæreditas* n'était pas applicable aux biens que Clovis pouvait avoir de sa femme. Le mot *hæreditas*, dans les textes du droit salien, ne désigne que l'héritage paternel. En

(1) GRÉGOIRE DE TOURS, *Historia*, II, 29 : « Post hunc vero genuit (Chrotchildis) alium filium, quem baptizatum Chlodomerem vocavit. »

(2) CLARIUS, à l'année 503 : « Anno DIII, Clodoveus baptizatur a sancto Remigio Remensi archiepiscopo, et quatuor filii ejus... » (Duru, *Bibliothèque histor. de l'Yonne*, t. II, p. 464-465.)

(3) ODORAN, *Opusculum I* : « Clodoveus rex, uxore sua exhortante et sancto Remigio, Remensium episcopo, prædicante, sub Sanctæ Trinitatis nomine baptizatus est. » (Duru, *Bibl. histor. de l'Yonne*, t. II, p. 389.)

second lieu, comment Clotilde eût-elle pu transmettre à son époux des biens provenant d'un héritage auquel elle n'avait eu aucune part. Le roi Gondebaud avait assassiné son frère Chilpéric, père de Clotilde, dépossédé et exilé ses filles (1). Plus tard, quand Clovis réclama à Gondebaud la part de sa femme dans l'héritage de Chilpéric, Gondebaud ne donna à Clovis qu'une partie de son trésor et celui-ci s'en montra satisfait (2). Au reste, toute discussion plus longue serait superflue quand d'un mot l'on peut trancher la question. Le lieu où fut fondé le monastère est à Sens; la plupart des villages que Clovis donna à sa fille sont aux environs. Or jamais le Sénonais n'a été compris dans l'ancien royaume des Burgondes (3). Il est donc impossible que Clovis y ait rien eu de l'ancien domaine de Chilpéric.

Clovis abandonne à sa fille deux églises qu'il qualifie siennes « ecclesias meas, » dédiées, l'une aux saints martyrs Savinien et Potentien, l'autre à saint Sérotin. Le fait que Clovis déclare que ces églises lui appartiennent nous reporte à une époque où les églises étaient entrées dans le domaine privé. Ce n'était pas le cas au

(1) GRÉGOIRE DE TOURS, *Histor.*, II, 28 : « Igitur Gundobadus Chilpericum fratrem suum interfecit gladio uxoremque ejus... aquis immersit. Hujus duas filias exilio condemnavit; quarum senior mutata veste Vesto Crona, junior Chrotchildis vocabatur. »

(2) *Gesta*, c. XIII : « Dedit (Gundobaudus) per manus Auriliano ad partem Chlodoveo maximam partem ex thesauro suo et supellectilem preciosissimam neptæ suæ Chrothildæ reginæ transmisit. » (*Rec. des historiens de France*, t. II, p. 549-550.)

(3) Voy. LONGNON, *Géographie de la Gaule au* VIe *siècle*, p. 65 et suiv.

VIe siècle. Clovis a pu accorder à certaines églises une protection particulière, les placer sous le *mundium* royal, mais jamais il n'a pu songer à les considérer comme ses propriétés. Ces églises sont cédées avec leur dîme « cum omni decimatione. » C'est tout au moins le mot *decima* qu'un notaire du VIe siècle eût employé. Dans le cimetière de ces églises, Clovis consent à ce que sa fille édifie un monastère en l'honneur des apôtres, à l'exemple de ce que lui-même et sa femme avaient fait près de Paris.

Le roi rappelle ensuite que l'église des saints Savinien et Potentien et celle de saint Sérotin sont d'ancienneté le lieu de sépulture des évêques de Sens, des clercs de Saint-Etienne, des grands et même du peuple de tout le pays sénonais ; c'est là que pour acquérir la protection des martyrs chacun veut être enterré ; c'est là que reposent les saints pontifes Léonce, Séverin, Audatus, Eracle (I), Lunanus, Simplicius et l'archidiacre Thierry, et bien d'autres encore. Cette énumération doit inspirer quelque méfiance.

Clovis donne ensuite à sa fille le bourg même où devait s'élever le monastère : « Trado etiam villam meam indominicatam Vicum nomine cum appendiciis suis. » Il est peu probable que le *vicus* ait préexisté au monastère ; il y a beaucoup de vraisemblance que là comme ailleurs le monastère est devenu le centre d'un *vicus* formé par l'agglomération des maisons des colons et des serfs autour de l'église. Quoi qu'il en soit, le *vicus* ne pouvait être qualifié *villa indominicata* parce que ce mot *indominicata* n'apparaît qu'à l'époque carolingienne, au plus tôt à la fin du VIIIe siècle (1).

L'énumération des terres et droits concédés continue. Ni dans sa disposition générale, ni dans ses détails elle ne rappelle les énumérations des actes mérovingiens.

Le roi donne un lieu appelé *Planca*, peut-être la Planche-Barraud. Vient ensuite *Masliacum subteriorem*, c'est-à-dire Mâlay-le-Roi, et l'eau de la Vanne qui y coule, avec les moulins et le bois « cum molendinis et silva. » Remarquons d'abord qu'au VIe siècle la forme du nom de Mâlay ne pouvait être que *Mansolacum* ou *Massolacum*. L'expression *cum molendinis* ne saurait, non plus, remonter au VIe siècle : on eût écrit *cum farinariis*. Clovis abandonne encore la terre qui est à *Spinetum* et tout ce qu'il possède sur le territoire dudit bourg de Saint-Pierre « in circuitu ipsius vici Sancti Petri. » N'est-il pas surprenant que le roi applique au bourg le nom d'un monastère non encore existant et qu'il ne désigne ce monastère que par le nom d'un seul de ses patrons. Une pareille manière de s'exprimer n'implique-t-elle pas une rédaction faite en un temps où le *vicus* qui entourait le monastère s'appelait *vicus Sancti Petri* (2) ? Ce passage est en con-

(1) Le plus ancien exemple que je rencontre de l'adjectif *indominicatus* se trouve dans l'expression *manso indominicato*, dans une charte de 811, TARDIF, *Cartons des rois*, n° 101 ; mais assurément l'usage de ce mot remonte plus haut.

(2) A partir de la fin du Xe siècle le monastère est désigné dans les textes latins sous le nom de *Sanctus Petrus Vivus*. Le plus ancien exemple que je connaisse se trouve dans la charte de Sewin de l'an 980 (QUANTIN, *Cartul. général de l'Yonne*, n° LXXVII, t. I, p. 149.) On voit généralement

tradiction évidente avec celui où le roi déclare donner à sa fille sa *villa* appelée *Vicus*.

Le roi donne aussi un marché qui se tient le jeudi. Il y a plus. Il donne la foire annuelle du 29 juin, c'est-à-dire de la fête des saints Pierre et Paul, patrons de la future église. Il est certain que si une foire a été tenue jadis dans le bourg de Saint-Pierre-le-Vif, le 29 juin, c'est précisément parce que la fête du monastère se célébrait ce jour-là ; les fêtes des grandes églises attiraient toujours un grand concours de peuple. Ces assemblées, d'abord solennités religieuses, devinrent rapidement des solennités commerciales ; les pèlerins en profitaient pour échanger leurs produits ; à eux se mêlaient des marchands ; les foires, presque partout, et toujours, quand elles se tenaient à l'entour d'une abbaye, ont tiré leur origine de fêtes religieuses. L'institution de cette foire dont parle Clovis est nécessairement postérieure à la fondation de l'abbaye. La concession de cette foire ne pouvait manquer d'entraîner la cession des droits de péage et l'interdiction aux

dans le mot *Vif* un dérivé de *Vicus*. Il est impossible que *Vicus* ait donné directement le mot français *Vif*. Voici, d'après nous, comment s'est formée cette appellation de *Saint-Pierre-le-Vif*. On a dit *Sanctus Petrus de Vico*, c'est-à-dire l'église Saint-Pierre sise dans le bourg par opposition à l'église du même nom dans la cité ; ce que le populaire a traduit par *Saint-Pierre-le-Vi*. *Vico* a donné *Vi*, comme *Novovico* = *Neuvy*, *Mosavico* = *Meuvy*, *Carovicus* = *Chervix* etc. Mais on n'a plus compris le sens de *Vi*, non plus que le génitif *le Vi*. Un rapprochement s'est opéré entre *Vi* et le nom commun *vis*, prononcé *vi*, qui voulait dire *Vivant* (Voyez La Curne de Sainte-Palaye, *Dictionnaire historique*, t. X, p. 175 ; Godefroy, *Dictionnaire de l'ancienne langue française*, au mot *Vif*, t. VIII, p. 234). D'où la traduction latine *Sanctus-Petrus-Vivus* retraduit en français *Saint-Pierre-le-Vif*.

officiers royaux d'y intervenir pour y lever des impositions. Le roi abandonne tous les profits aux moines afin, dit-il, qu'ils la possèdent tranquillement et sans contradiction, comme ont fait ses ancêtres les rois des Burgondes. Nous avons déjà dit que Clovis ne pouvait en rien se réclamer, à Sens, des rois Burgondes.

Clovis cède sa terre appelée *Castellum Britonis* et la *Villa Maii*. Nous ne savons quel est le nom actuel du premier de ces villages ; quant au second, comme certaines copies donnent *Villa Mari*, il s'agit sans doute de Villemer, au canton d'Aillant, où l'abbaye de Saint-Pierre-le-Vif eut plus tard une prévôté. Le roi donne aussi « son église » de Saint-Sanctien avec toute la dîme. Cette église, située à 2 kilomètres au nord-est de Sens, devint le siège d'un prieuré. Elle s'élevait dans le village appelé *Senceyas*, que le roi abandonne également (1). Et encore « Saligniacus major » et « Saligniacus minor. » Cette distinction entre deux Saligny, qui suppose le morcellement d'un même domaine en deux parties, peut nous surprendre, car, dans la donation de Théodechilde, prétendue postérieure, cette division n'est pas constatée.

Le roi, qui, au début du diplôme, a si longuement insisté sur sa conversion, y revient à nouveau, et, « afin que tout le peuple sache qu'il s'est fait catholique » donne sa chapelle « *indominicata* » dédiée à

(1) Par une charte de 980 l'archevêque Sewin donna diverses églises à l'abbaye de Saint-Pierre-le-Vif, entre autres celle de Saint-Sanctien : « in villa quæ dicitur Sanceias, altare quod est in honore sancti Sanctiani martyris consecratum. » (Quantin, *Cartul. général de l'Yonne*, t. I, p. 149, n° LXXVII.) Mais ce n'est là qu'une restitution : « et quod petebant (monachi), quia suum esse vidimus, concessimus. »

saint Pierre, et que sa femme a construite dans la cité près de la porte orientale. Inutile de signaler ce que l'expression « capellam meam indominicatam » a d'anormal.

Clovis donne encore une *area piscatoria* sous le pont de l'Yonne. S'il n'est pas impossible qu'une concession de ce genre ait été faite au VIe siècle, il est du moins invraisemblable qu'elle ait été l'objet d'une mention spéciale. Nous n'avons qu'à reproduire ici les observations de Quicherat, à propos d'un diplôme de Saint-Germain-des-Prés. Les pêcheries « dans les plus anciennes chartes... ne figurent jamais ni comme membres de la propriété, ni à aucun autre titre. Ce n'est qu'au déclin de l'époque mérovingienne qu'on voit leur mention prendre place à côté des eaux, cours d'eaux et moulins (1). »

Clovis déclare retenir plusieurs territoires dans la cité et aussi la *villa* de Mâlay-le-Grand tout entière. L'insertion d'une pareille clause de réserve, suppose que des contestations s'étaient élevées entre le roi et l'abbaye au sujet de la possession de certains territoires et spécialement de Mâlay-le-Grand.

Clovis abandonne l'église de Voisines, la *villa* de Voisines tout entière avec ses dépendances et son bois ; mais si cette *villa* était cédée dans son intégrité, « cum appendiciis suis, » pourquoi cette mention spéciale de la *silva*? C'est là une redondance dont on ne trouverait aucun exemple dans les chartes de l'époque mérovin-

(1) QUICHERAT, *Critique des deux plus anciennes chartes de l'abbaye de Saint-Germain-des-Prés*, dans *Bibl. de l'Ecole des Chartes*, t. XXVI, p. 526.

gienne. Ou bien le notaire n'eût mentionné aucune des dépendances, ou bien il les eût toutes énumérés : « cum mancipiis, mansis, domibus, etc. » Sont encore cédées l'église de Villechat, la *villa* du même nom et ses dépendances, c'est à savoir la *villa* de *Guidellus* sur l'Yonne; puis Villiers-Bonneux, l'église de *Fontanas super Arva*, qui est sans doute Fontaine-la-Gaillarde, Courtemaux (Loiret), Foissy sur la Vanne, Trémont, Paroy-sur-Tholon, Volgré, la moitié de Béon, Germigny avec son église, *Baviacus* avec son église ; puis, dans le pagus de Melun, l'église de Vieux-Champagne et d'autres *villæ* et églises non identifiées jusqu'ici avec certitude ; dans le pagus de Meaux, deux *villae*, l'une appelée *Vesde*, l'autre *Silviniacus ;* et dans le pagus d'Auxerre, *Misciacus*.

L'énumération qui précède est faite en des termes qui ne rappellent pas du tout le style des actes de donation de l'époque mérovingienne. La formule qui résume ces donations : « Hæc omnia cum mancipiis, desuper manentibus, mansis, domibus, ædificiis, curtiferis, wadriscapis, vineis, silvis, campis, pratis, pascuis aquis aquarumve decursibus, totum et ad integrum, rem inexquesitam, cum omni soliditate, » cette formule, abstraction faite des mots *desuper manentibus*, apposés à *mancipiis*, si elle n'a rien qui répugne à l'époque mérovingienne, ne suffit cependant pas à caractériser un acte de cette époque, car son usage a persisté au moins jusqu'à la fin du XIe siècle. Mais le roi déclare donner toutes ces choses à l'église fondée en l'honneur de saint Pierre et aux moines qui la desserviront. Cette déclaration contredit cette autre faite au commencement de l'acte, que la donation s'adresse, non pas au monastère projeté, et non établi, mais à Théodechilde. On ne saurait céder d'un même coup les mêmes biens à deux personnes différentes, surtout quand l'un des donataires n'existe pas encore. Sans compter qu'on ne s'explique pas l'élimination d'un des deux patrons du futur monastère « ad prædictum locum in honore peculiaris patroni nostri Petri apostoli fundatum. »

Clovis prend l'église sous sa protection et lui accorde une immunité. Bien que le plus ancien privilège de ce genre que l'on connaisse et dont l'authenticité ne puisse être mise en doute, soit celui que Dagobert accorda, l'an 635, au monastère de Resbach (1), il n'est pas impossible que Clovis ait délivré de semblables privilèges aux églises de son royaume. Seulement il n'a pas dû le faire dans les termes que lui prête le diplôme de Saint-Pierre-le-Vif. La formule d'immunité, encore qu'elle ait peu varié à travers les âges et qu'elle ait compris, dès le VIIe siècle, tous les éléments essentiels de sa constitution, n'a cependant pas été, à l'origine, aussi développée dans son expression (2) que

(1) Publ. dans Pertz, *Diplomata*, p. 16, n° 15. Voy. BRUNNER, *Deutsche Rechtsgeschichte*, t. II, p. 292, note 29.

(2) Comparez avec la formule du diplôme de Clovis les formules suivantes empruntées à des actes mérovingiens originaux. Diplôme de Childebert III pour l'abbaye de Tussonval, en 696 : « ut nullus judex poplicus ad causas audiendum vel fridda exigendum, ibidem introitum nec ingressum habire non deberit..... Adio per presente preceptum ex hoc decernimus ordenandum, quod in perpetuo volemus esse mansurum, ut neque vos, neque junioris seo successorisque vestri, nec nullus quislibet ex judiciaria potestate quoque tempore accinctus, in curtis vel villas monasturiæ, tum de quod ibidem presenti tempore est firmatum, quam quod in antia..... in quibuslibet ribus adque corporibus, ad causas audiendum vel fridda exi-

celle du diplôme de Clovis, la plus compréhensive qui soit ; elle est celle qui, arrêtée au début du IXe siècle, a persisté jusqu'au XIIIe siècle (1) ; de plus, elle contient une liste de redevances « pedaticos, teloneos, rotaticos, portaticos, ripaticos, » que j'ai trouvée pour la première fois, sinon absolument semblable, du moins analogue dans un diplôme de Charles le Chauve, pour Marmoutier, de l'an 844 (2).

Avec la clause d'immunité s'appliquant à l'ensemble des biens cédés par le roi, en vue de la dotation du nouveau monastère, l'acte semble terminé. Il reprend cependant pour mentionner la tradition que Clovis fait à sa fille et au monastère d'un duc, nommé Basolus, et de ses biens. Ici encore, le rédacteur s'est complu à une amplification de rhétorique qui n'était pas dans les habitudes des notaires mérovingiens et qui, d'ailleurs, était inutile : « Je livre le duc Basolus, naguère superbe

gendum seo mansionis aut paratas vel qualiscumque retribucionis quod fiscus noster exinde accipere aut sperare potuerat, judiciaria potestas nec nostro tempore, nec successoribus rigibus, ingressum nec introitum penitus habire presummat.... » (TARDIF, *Cartons des rois*, n° 37, p. 30-31.) — Diplôme de Childebert III pour l'abbaye de Saint-Maur-des-Fossés, vers 700 : « Idio per presente preceptione decernemus urdenandum, quod in perpetuum volumus esse mansurum, ut neque nus neque juniores seu subcessoris vestri, nec quislibet, in curtis vel vilas ipsius abbati vel ipso monestirio...... seu de comparato aut de qualibet adtracto possedire veditur... nullus judex publicus ibidem ad causas audientum, freda exegendum, fediessoris tollendum nec mansionis aut paratas faciendum, nec homines tam ingenuos quam servientis distrinjendum nec nulas retribucionis requirendum nec exactandum, judiciaria potestas ibidem quoque tempore ingredire non presumat...» (TARDIF, *Cartons des rois*, n° 41, p. 35.)

(1) Voyez Aug. PROST, *l'immunité*, dans *Nouvelle Revue histor. de droit fr. et étranger*, 1882, p. 113 et suiv.

(2) Publ. dans *Gallia Christiana*, t. XIV, *instrumenta*, p. 31.

et orgueilleux, maintenant humilié et enchaîné, avec tout son héritage, ses châteaux, bourgs, terres, et tout ce qu'il possède, de telle sorte qu'à partir de ce jour, tous ses biens appartiennent audit monastère de Saint-Pierre de Sens. » Il est aussi question de ce Basolus dans la charte de Théodechilde, comme nous le verrons plus loin, mais il n'y est pas qualifié duc ; ce n'est qu'un certain Basolus. Clovis ne nous dit pas que c'était un duc d'Auvergne ; mais il énumère ses biens, tous sis en Auvergne, dans le Limousin, le Cahorsin et le Gévaudan. D'où la conclusion s'impose qu'il résidait en Aquitaine. Or il est certain que, trois ans après la date réelle de son baptême, Clovis n'avait pas encore poussé ses conquêtes au sud de la Loire et n'avait pu y confisquer aucune terre. C'est seulement en 507 que Clovis occupa l'Aquitaine. Si le rédacteur de l'acte a fait allusion à la conquête de cette province, c'est qu'il croyait que la troisième année après le baptême de Clovis correspondait à 508.

Je ne pense pas qu'il subsiste aucun doute sur la fausseté du diplôme de Clovis. Ce diplôme ne nous est pas parvenu sous une forme unique. Il en existait jadis dans les archives de Mauriac une autre recension, évidemment interpolée, mais fort intéressante (1).

(1) Cette recension du diplôme de Clovis a été publiée dans Bréquigny, n° IV, d'après une copie conservée à Mauriac et paraissant remonter au XII° siècle. PARDESSUS, n° LXV et PERTZ, *Spuria*, n° 2, p. 115, ont reproduit le texte de Bréquigny. Il n'existe plus dans le fonds de Mauriac, aux archives départementales du Cantal, aucune copie du diplôme de Clovis, pas plus que de la donation de Théodechilde. Je dois ce renseignement à M. Ch. Aubépin, archiviste du Cantal, qui a eu l'extrême obligeance de faire sur ma demande des recherches minutieuses dans les vingt-huit cartons qui for-

Elle contient une liste détaillée des biens confisqués sur Basolus et transmis par Clovis à sa fille. Cette liste indique dans chaque *villa* le nombre de colonges et, pour chaque colonge, nominativement les serfs qui la détenaient avec les redevances qu'ils devaient acquitter : « In Arvernica quidem provincia est alia quedam ecclesia in ripa fluminis Marone dedicata in honore Sancti Pauli et in ipsa villa coloni[cæ] (1) tres, ubi manent homines VI : solvunt in anno annonam modios III... ; in villa Vidrinas, col[onicus] unus, manet ibi Frodoaldus, *servus Sancti Petri* ; solvit vervicem, denarios VIII... *etc.* » Tous les historiens qui ont connu ce texte, sont tombés d'accord pour y voir une interpolation. Une seule remarque suffit : comment Clovis aurait-il pu qualifier serfs de Saint-Pierre les tenanciers qui habitaient dans ces *villæ* au moment où les biens de Basolus lui furent enlevés pour être transmis à Théodechilde ? La forme de cette liste est celle des polyptyques ou pouillés du IXe siècle. Elle a été évidemment extraite d'un polyptyque de Saint-Pierre-le-Vif, et très probablement du polyptyque que l'archevêque Hieremias (2) avait fait rédiger pour prémunir les biens de l'abbaye contre toute usurpation et qui est

ment le fonds du prieuré de Mauriac. Je lui adresse mes plus vifs remerciements. Les archives de Mauriac ont été dilapidées pendant le temps qu'elles sont restées à la mairie de Mauriac. En 1875, M. Aubépin a assuré la conservation de leurs débris en les transportant aux Archives départementales.

(1) Et non pas *coloni*, comme porte le texte imprimé.

(2) Cette hypothèse a été déjà émise par l'abbé Bouvier, *Ouvrage cité*, p. 196.

mentionné dans un diplôme de Louis le Pieux, du 18 mai 822 (1).

Avant de rechercher à quelle époque a été fabriqué le diplôme de Clovis, il importe de déterminer la valeur de la charte de donation mise sous le nom de la reine Théodechilde (2).

Bréquigny et Pardessus ont tenu cet acte pour faux. D'autres diplomatistes ont hésité à le condamner : ils y ont vu une pièce très ancienne mais interpolée. Il en existe, aux Archives de l'Yonne, une copie dont l'écriture paraît remonter à la fin du xe siècle ou au commencement du xie siècle (3). Nous suivrons ici le texte publié par Quantin dans son *Cartulaire général de l'Yonne* (4).

(1) QUANTIN, *Cartul. général de l'Yonne*, n° XVII, t. I, p. 34 : « .... sicuti memoratus episcopus in libelli serie singula loca per ordinem adnotando digessit et manu sua subscripsit et in conventu episcoporum eos qui aderant subscribere rogavit propter cavendas omnimodis contentiones quæ futuris temporibus poterant oboriri... »

(2) C'est à tort que certains auteurs désignent cet acte sous le nom de *Testament* en donnant à ce terme la valeur qu'il a dans le droit moderne. Dans le haut moyen âge, *testamentum* désigne toute espèce de donation. Dans ce sens l'acte de Théodechilde est un *testamentum*, mais ce n'est en aucune façon un acte de dernière volonté.

(3) Les copies conservées de la charte de Théodechilde sont les suivantes : 1° Archives de l'Yonne, H 167, copie de la fin du xe ou du commendu xie siècle, fragment de cartulaire ; 2e mêmes archives (portion conservée à la bibliothèque de Sens), H 32, copie du xvie siècle ; 3° Bibliothèque nationale, lat. 12779, fol. 219, copie du xviie siècle ; 4° DOM COTTERON, *Chronicon S. Petri Vivi*, Bibl. d'Auxerre, ms n° 157, p. 171.

(4) La charte de Théodechilde a été publiée dans BOLLANDISTES, *Acta Sanctorum*, juin, t. V, p. 366. — BRÉQUIGNY, *Diplomata*, t. I, p. 65, n° XXXVII. — PARDESSUS, *Diplomata*, t. I, p. 131, n° CLXXVII. — PERTZ, *Diplomatum imperii* t. I, p. 132, *Spuria*, n° 10. — J.-B. CHABAU, *Sainte-Théodechilde*, p. 169. — H. BOUVIER, *Histoire de Saint Pierre-le-*

Dans sa forme générale, l'acte de Théodechilde n'a rien de répréhensible. Il se présente sous la forme d'une épître, comme c'est le cas pour les donations authentiques les plus anciennes de l'époque mérovingienne qui nous soient parvenues. Il est adressé au monastère des saints Pierre et Paul. Vient ensuite la suscription de la donatrice, à laquelle se rattache un préambule indiquant les motifs qui ont déterminé la donation, à savoir le désir d'obtenir la vie éternelle. Suivent : l'énoncé de la donation, les formules comminatoires, la date, les souscriptions de la donatrice et des témoins, la souscription du rédacteur de l'acte.

Mais si des actes rédigés sur ce plan se rencontrent à l'époque mérovingienne, ils ne lui sont pas propres. Ce modèle de donation a été usité dans la France septentrionale jusqu'au xe siècle et dans le Midi jusqu'au xie siècle (1). Il nous faut donc pénétrer dans le détail de l'acte, l'analyser et chercher si nous n'y découvrirons pas des expressions ou bien exclusivement particulières aux temps mérovingiens, ou bien, au contraire, qui ne peuvent avoir été employées qu'à une époque plus récente.

L'adresse est bien telle qu'on la trouve dans certains actes mérovingiens. La donatrice s'adresse au monastère : « Domino sancto sacro monasterio in honore beatorum apostolorum Petri et Pauli sub oppidum civitatis Senonum nostro opere a fundamentis constructo. » Les derniers mots de cette phrase se ren-

Vif, dans *Bullet. de la Soc. des sciences histor. et natur. de l'Yonne*, 1891, p. 201 (traduction).

(1) Giry, *Manuel de diplomatique*, p. 356.

contrent dans le privilège accordé, en 657, par l'évêque Emmon au monastère de Saint-Pierre : « Monasterio Sancti Petri et Pauli quem domna Theodechildis regina quondam suo opere construxit vel ipsa ibidem suum videtur habere sepulchrum, sub opidum Senonis civitate (1). » Dans une donation authentique faite l'an 711 par une certaine Ingoara au même monastère, on lit : « Monasterio Sancto Petro qui est constructus sub opidum civitate Senonum (2). » Les mêmes expressions figurent encore dans une autre donation de l'an 719, faite par une certaine Léotherie (3).

Mais avec la suscription : « Ego in Dei nomine Theodechildis, filia Chlodoveo quondam rege, » une difficulté se présente. Nous ne savons pas, par ailleurs, que Clovis ait eu une fille du nom de Théodechilde. Grégoire de Tours n'en parle pas. J'admets que son silence ne soit pas une preuve de la non-existence d'une fille de Clovis nommée Théodechilde. Mais comment admettre, si Théodechilde était réellement la fille de Clovis, que les chartes du monastère de Saint-Pierre, des VIIe et VIIIe siècles, n'aient pas mentionné ce fait si notable, puisqu'il ne pouvait que rendre plus dignes de vénération et la fondatrice du monastère et le monastère lui-même. Car le privilège d'Emmon qualifie simplement Théodechilde de reine : « Teodechildis regina. » De même, la donation de Léotherie. L'épitaphe versifiée de Théodechilde, commençant par les mots : « Hunc regina locum, » jadis encastrée dans le

(1) QUANTIN, *Cartulaire général de l'Yonne*, n° VI, t. I, p. 10.
(2) QUANTIN, *Ibid.* n° IX, t. I. p. 22.
(3) QUANTIN, *Ibid.*, n° X, t. I, p. 24.

mur du chœur de l'église abbatiale, ne mentionnait pas sa parenté avec Clovis (1), pas plus que la pierre placée sur son tombeau et qui portait seulement : « IIII Kal Julii transiit domna Techildis regina (2). » Il nous faut arriver jusqu'aux écrits d'Odoran, c'est-à-dire au XIe siècle, pour trouver cette affirmation que Théodechilde était fille de Clovis (3).

Si Théodechilde n'était pas fille de Clovis, connaissons-nous une reine mérovingienne du même nom qui puisse être identifiée avec la fondatrice de Saint-Pierre-le-Vif. On ne pensera pas à Théodechilde, femme de Caribert, dont la destinée est exactement connue (4). Il ne s'agit pas davantage de la femme de Théodebert II (5), car cette hypothèse reporterait la fondation du monastère à une époque trop récente.

Mais la plupart des historiens s'accordent pour identifier notre Théodechilde avec une fille de Thierry dont Fortunat a célébré les vertus (6). En effet, Odoran rapporte (7) deux poésies de Fortunat, dont l'une est un chant et l'autre une épitaphe en l'honneur d'une reine Théodechilde. Il les considère comme s'appliquant

(1) Voy. Bolland. *Acta Sanctorum*, juin, t. V, p. 362 et 373 ; Duru, *Bibl. histor. de l'Yonne*, t. II, p. 390. — Voyez surtout le procès-verbal de l'invention des reliques de Théodechilde du 16 octobre 1643, publ. par M. Joseph Perrin, dans *Bulletin de la Société archéolog. de Sens*, t. XIV, p. 196-197.

(2) Voy. Bolland. *Acta Sanctorum*, juin, t. VII, p. 328.

(3) Duru, *Bibl. histor. de l'Yonne*, t. II, p. 389, 390.

(4) Grégoire de Tours, *Histor.*, IV, 26.

(5) Frédégaire, c. XXXVII.

(6) Fortunat, IV, 25, et VI, 3, dans édit. F. Leo, *Monumenta Germaniæ historica*, in-4°, p. 94 et 134.

(7) Odoran, dans Duru, *Bibl. histor. de l'Yonne*, t. II, p. 390.

à une même personne, qui était la fondatrice de Saint-Pierre. La seule raison que les moines de Saint-Pierre eussent de conserver ces deux petits poèmes de Fortunat dans un manuscrit de leur bibliothèque, était qu'ils les considéraient comme relatifs à la fondatrice de leur église. Car il n'est guère probable qu'Odoran, si instruit fût-il, l'ait été assez pour retrouver dans les œuvres de Fortunat ces deux morceaux et les appliquer à la reine dont le corps reposait à Saint-Pierre. En tout cas, il était de tradition, au commencement du XIe siècle, que la reine Théodechilde, chantée par Fortunat, était la fondatrice du monastère. Fortunat dit que Théodechilde était de race royale, que son père était roi, comme aussi son frère et son époux. Il célèbre sa charité, sa piété ; il la félicite d'avoir construit des églises. Procope (1) rapporte qu'au temps de Justinien (527-565), Hermégiscle, roi des Varnes, peuplade établie sur la rive droite du Rhin, épousa une sœur du roi Théodebert (534-547). Hermégiscle mort, son fils Radigère quitta sa femme pour épouser sa belle-mère, que bientôt après il répudia. Procope ne donne pas le nom de cette sœur de Théodebert. Mais nous savons par Flodoard (2) que Thierry Ier avait eu

(1) PROCOPE, *De bello gothico*, IV, 20, dans *Rec. des histor. de France*, t. II, p. 42, 43.

(2) FLODOARD, *Histor. ecclesiæ Remensis*, II, 1. « Beato Remigio successisse traditur Romanus, Romano Flavius, post quos Mapinius.... Hujus quoque temporibus, Suavegotta regina Remensi ecclesiæ tertiam partem villæ Viriaci per testamenti paginam delegasse reperitur. Quam partem villæ ipse quoque præsul Teudechildi, præfatæ reginæ filiæ, usufructuario per precariam, salvo ecclesiæ jure concessit..... Quæ scilicet Theudechildis regina postmodum nonnulla per testamenti sui auctoritatem tempore domni

de sa seconde femme, Suavegotte, une fille, Théodechilde, qui donna plusieurs domaines à l'église de Reims. Cette reine Théodechilde était contemporaine des évêques de Reims, Mapinius et Egidius, le premier qui siégea vers 550, le second d'environ 565 à 590. Il est vraisemblable que la bienfaitrice de l'église de Reims était la femme répudiée du roi des Varnes et que c'est elle dont Fortunat a célébré les vertus chrétiennes. En effet, elle se trouvait être petite-fille, fille, sœur et femme de rois. Evidemment, on ne peut établir d'une façon absolue l'identité de cette reine Théodechilde avec la reine qui, au VIe siècle, a fondé le monastère sénonais. Ce qui rend toutefois cette hypothèse vraisemblable (1), c'est que le monastère sénonais a possédé très anciennement des terres en Auvergne. Or la reine Théodechilde avait des domaines dans cette province. Elle y percevait des redevances, et probablement une partie des revenus du fisc royal. Grégoire de Tours (2) raconte qu'un certain Nunninus, qu'il qualifie *tribunus*, et qui avait apporté d'Auvergne en France des tributs dus à la reine Théodechilde, s'arrêta à Auxerre pour prier au tombeau de saint Germain. On s'expliquerait donc l'origine des propriétés du monastère de Saint-Pierre en Auvergne. Il n'y a rien d'extraordinaire à ce que Théodechilde ait obtenu d'un

Egidii Remensi contulit ecclesiæ prædia. » (MIGNE, *Patrologie latine*, vol. 135, p. 94.)

(1) C'est là l'opinion à laquelle s'est arrêtée la commission nommée par la Société archéologique de Sens pour examiner le livre de l'abbé Chabau. Voyez *Bullet. de la Société archéologique de Sens*, t. XIV, p. 226.

(2) GRÉGOIRE DE TOURS, *Gloria confessorum*, c. XLI.

grand personnage de l'Auvergne, Basolus, qu'il disposât d'une partie de ses biens en faveur du monastère qu'elle avait fondé.

On nous opposera que Théodechilde était vénérée comme vierge au monastère de Saint-Pierre-le-Vif. Cette tradition de la virginité de la fondatrice du monastère ne remonte pas, que nous sachions, à l'époque mérovingienne. Il en est question pour la première fois dans le chroniqueur Odoran.

Il nous paraît donc vraisemblable que le monastère de Saint-Pierre-le-Vif doit sa fondation, au cours du VIᵉ siècle, à la reine Théodechilde, fille de Thierry I et petite-fille de Clovis. Si l'on admet cette conclusion, il faut considérer les mots « filia Clodovæo » de l'acte de Théodechilde comme une interpolation.

Revenons à l'acte lui-même. Théodechilde expose les motifs qui ont déterminé sa donation. Ils sont ceux qu'on rencontre dans tous les actes analogues du moyen âge. La reine y exprime la nécessité qu'il y a pour tous ceux qui veulent obtenir le salut de leur âme, de donner aux églises et aux pauvres, leurs biens temporels, seul moyen de s'assurer les biens éternels. La formule employée contient même quelques fautes de latinité telles qu'on en relève dans les chartes mérovingiennes. Mais cette formule contient aussi un passage suspect. La reine déclare avoir en vue le salut de ses parents : « Igitur ego... pro amore Domini nostri Jesu Christi et meorum facinorum parentumque nostrorum abluenda discrimina. » Je n'ai rencontré de mention analogue ni dans les formules de donations ni dans les actes authentiques de l'époque mérovingienne. Cette préoccupation est la marque d'une époque plus récente.

Théodechilde qualifie l'acte qu'elle a fait dresser d'*epistola cessionis* ce qui est conforme aux usages des VIe et VIIe siècles. Elle exprime la transmission de ses biens au monastère dans des termes qui sont ceux des formules mérovingiennes, mais qui, d'autre part, sont restés en usage jusqu'au XIe siècle. Vient ensuite l'énumération des biens cédés. Les *villæ* mentionnées figurent toutes dans le diplôme de Clovis ; mais en revanche le diplôme de Clovis en mentionnait d'autres que l'on s'étonne de ne pas trouver ici, puisque le diplôme de Clovis devrait être antérieur à la donation de Théodechilde. Cette énumération dans son ensemble n'a rien qui répugne à la fin du VIe siècle, mais elle n'a rien non plus de caractéristique. Même, certains détails révèlent une époque moins ancienne. Ainsi Mâlai est appelé *Masliaco* ; j'ai déjà dit que c'était là une forme qui ne devait pas exister au VIe siècle. Il est question du *vicus Sancti Petri*. Peut-on croire que le bourg qui entourait le monastère eût déjà pris le nom du principal patron de ce monastère si récemment fondé. La liste des *villæ* est précédée des mots « in ipso pago. » Or il n'a été auparavant question d'aucun *pagus*. Le rédacteur a cru avoir parlé du *pagus Senonicus*. Un notaire mérovingien n'eût pas commis pareille étourderie ; car l'on attachait un soin particulier à la mention du *pagus* qui d'ordinaire suit le nom de la *villa* et ne le précède pas. Il est question de l'*area piscatoria*, mention déjà incriminée à propos du diplôme de Clovis. La donatrice dit qu'elle tient cette pêcherie de son père Clovis : « quam a genitore meo præfato Chlodoveo pro hoc ipso impetravi. » Un notaire du VIe siècle n'eût pas manqué d'accoller le qualificatif *rege* à *Clodoveo*. Après l'énumération des *villæ* vient le détail des éléments de la propriété. « Hæc omnia cum mancipiis desuper manentibus, mansis, domibus, ædificiis, curtiferis, wadriscapis, vineis (1), silvis, campis, pratis, pascuis, aquis aquarumve decursibus, totum et ad integrum rem inexquisitam cum omni soliditate ad prædictum locum in honore peculiaris patrono nostro Petro fundato. » Les mots *desuper manentibus* n'accompagnent pas encore le mot *mancipiis* au VIIe siècle. Le plus ancien exemple que je connaisse d'une expression analogue « mancipiis ibidem commanentis (2) », se trouve dans une formule du recueil connu sous le nom de *Cartulæ Senonicæ*, recueil qui n'a été formé que dans la seconde moitié du VIIIe siècle. Ce recueil contient, il est vrai, quelques chartes mérovingiennes, mais dont aucune n'est antérieure au VIIe siècle. Nous lisons encore la formule « cum hominibus ibidem commanentibus » dans une charte de donation des *Formulæ salicæ Lindenbrogianæ* (3) qui ne remontent qu'au VIIIe siècle. On chercherait vainement pareille expression dans les formulaires du VIIe siècle. La même observation s'applique au mot *curtiferis*.

(1) Le texte publié par Quantin est fautif. Nous adoptons celui de la copie du XIe siècle. Le mot *vineis* est précédé des mots *uuidis . capis*, qui sont une mauvaise transcription de *uuadriscapis*. Le mot *capis* est surmonté d'un trait abréviatif qui paraît ajouté. Du reste *campis* se trouve plus loin.

(2) *Cartulæ senonicæ, appendix*, n° 1, dans ZEUMER, *Formulæ*, p. 208.

(3) *Formulæ Salicæ Lindenbrogianæ*, n° 1, dans ZEUMER, p. 266.

La reine Théodechilde rapporte ensuite la donation que lui a faite un certain Basolus, de divers biens sis en Aquitaine, à savoir en Auvergne et en Limousin, et qu'elle a transmis au monastère de Saint-Pierre. Cette seconde partie de l'acte n'est pas plus que la première à l'abri de toute critique. D'abord il y est question de la viguerie de Mauriac « in pago Alvernico, in vicaria Mariacense. » Or ce n'est qu'au IXe siècle que la *vicaria* apparaît comme subdivision du *pagus*. De plus il est fait mention de plusieurs *casæ indominicatæ*, ce qui est un autre indice d'une rédaction carolingienne.

La date n'est pas formulée comme elle devrait l'être. En effet elle contient l'indication du mois et non celle du jour. Or, d'après la législation romaine qui, sur ce point, fut respectée par les notaires mérovingiens, un acte pour être valable devait être daté de l'année et du jour (1). D'ailleurs c'est le cas de la charte de donation d'Ingoara et de celle de Léotherie, qui sont cependant de date plus récente. L'année du règne est indiquée ainsi : « anno nono regnante Chlotario rege germano meo. » Or les chartes d'Ingoara et de Léotherie ont conservé l'ancienne formule : « anno primo regni domni nostri Dagoberti regis », « anno quinto regni [domni] nostri Chlodovei regis. » Enfin l'indiction est indiquée, ce qui n'est pas la règle dans les dates des actes mérovingiens. Examinons la date en elle-même : « Fait à Sens au mois de septembre, la neuvième année du règne de mon frère le roi Clotaire, indiction seconde. » Cette date est absurde. Elle est le

(1) GIRY, *Manuel de diplomatique*, p. 577.

fait d'un notaire qui ne connaissait ni la chronologie des rois mérovingiens, ni la manière de compter les années de leur règne. En effet, on comptait les années pour chaque roi à partir de son premier avènement et non pas à partir de son avènement dans chaque partie du royaume. Donc la neuvième année du règne de Clotaire était l'an 519. Mais si notre charte était de l'an 519, qui d'ailleurs ne correspond pas à l'indiction 2, le notaire sénonais aurait dû la dater du règne de Clodomir dont l'autorité était alors reconnue à Sens, cité comprise dans le royaume d'Orléans (1). Il est vrai que l'usage de dater du premier avènement était celui de la chancellerie royale et qu'on a pu ne pas s'y conformer dans les autres chancelleries. Soit, mais le royaume de Clodomir a échu peut-être en partie, à Clotaire en 526 (2). La neuvième année serait 534 qui a pour indiction le chiffre 12. Il est possible que le rédacteur de la charte — et dans ce cas-là il vivait au plus tôt au IXe siècle — ait cru que Sens faisait partie du royaume de Bourgogne. Clotaire a eu dans sa part ce royaume en 534. La neuvième année serait 542, qui correspond à l'indiction 5. Enfin, supposera-t-on que les années sont comptées à partir du moment où Clotaire fut roi de toute la monarchie franque. C'est en 558 qu'il devint seul roi. La neuvième année serait 566. Or Clotaire était mort en 561. La date de notre charte a donc été ajoutée à une époque où l'on avait des notions

(1) Voyez Longnon, *Géographie de la Gaule au* VIe *siècle*, p. 94.

(2) Cette hypothèse est peu probable ; car la cité de Sens fut plus vraisemblablement partagée entre Childebert et Théodebert ; la ville de Sens fut attribuée à Théodebert. Voy. Longnon, *Ouvrage cité*, p. 321.

inexactes sur la chronologie des rois mérovingiens.

Quant aux personnages qui ont souscrit à l'acte de Théodechilde, la plupart sont inconnus. Mais il en est que nous avons déjà rencontrés parmi les témoins du diplôme de Clovis : Eracle, évêque de Sens, Germain, évêque de Paris, Médard, évêque de Noyon. Germain et Médard ont été évêques au temps de Clotaire. Pour Eracle, il est bien probable qu'il n'occupait plus le siège de Sens en la neuvième année du règne de Clotaire. Car dès 533 Léon était évêque de Sens ; il envoyait en sa place le prêtre Orbat au concile d'Orléans (1). Entre Eracle et Léon, il faut placer l'évêque Paul. Du reste, si l'on admet que Théodechilde est la fille de Thierry, elle n'a pu fonder le monastère de Saint-Pierre qu'après 533, après sa répudiation, vers le milieu du VIe siècle.

Ainsi la donation de Théodechilde ne nous est pas parvenue en sa forme primitive. Elle contient pour le moins de nombreuses interpolations. Mais si les moines de Saint-Pierre-le-Vif avaient possédé la charte originale de Théodechilde on ne voit pas les raisons qui les auraient déterminés à lui faire subir des remaniements qui n'ajoutent rien à sa valeur. Si d'ailleurs nous retirons tous les passages interpolés il ne reste qu'une énumération de *villæ* qui ne saurait donner prise à la critique. Nous avons relevé un certain nombre d'expressions qui ne peuvent remonter plus haut les unes que le VIIIe siècle, les autres que le IXe siècle ; nous n'en avons pas trouvé une seule qui soit exclu-

(1) MANSI, *Concillor. amplissima collectio*, t. VIII, p. 839.

sivement propre au VIe siècle. Il n'y a rien dans cette charte qui caractérise une rédaction du VIe siècle. Nous sommes donc autorisé à conclure que l'acte mis sous le nom de Théodechilde est apocryphe.

Reste à déterminer l'époque de fabrication de la charte de Théodechilde et du diplôme de Clovis. Bréquigny a vu dans ces deux pièces l'œuvre d'un même faussaire. En quoi il se trompe. Ces deux actes sont très différents dans leur aspect général. La charte de Théodechilde a été habilement composée par un moine qui a pris pour modèles les chartes les plus anciennes qu'il eût à sa disposition, ou bien un formulaire. Le diplôme de Clovis est l'œuvre d'un moine inexpérimenté qui n'a pas su recourir à un diplôme royal mérovingien, ni même carolingien, pour encadrer sa composition. Ces deux actes ne sont pas du même temps. Car tandis que dans la charte de Théodechilde, Basolus n'est qu'un « homo aliquis nomine Bazolus » ce personnage est devenu « ducem Basolum » dans le diplôme de Clovis. Les domaines cédés sont plus nombreux dans le diplôme de Clovis que dans la charte de Théodechilde ; dans le premier de ces actes ils sont, pour la plupart, donnés avec leur église, tandis que l'acte de Théodechilde ne fait aucune mention d'églises sauf pour les terres auvergnates. Il est donc évident que la charte de Théodechilde est antérieure au diplôme de Clovis. Enfin pour quiconque est habitué au style diplomatique le style du premier des deux actes apocryphes sent pleinement le IXe ou le Xe siècle, le second, le XIe siècle.

Odoran, moine et chroniqueur de Saint-Pierre-le-Vif, connaissait l'acte de donation de Théodechilde.

Voici ce qu'il dit dans l'opuscule qu'il a consacré à l'origine de son monastère : « Clotaire, le plus jeune des fils de Clovis vivant encore, mais ses trois frères étant morts, sa sœur, avec son appui, édifia en vue de la ville de Sens et sur le modèle du monastère que ses parents avaient construit à Paris, un monastère en l'honneur des apôtres et y installa des moines pour y servir Dieu sous l'autorité de la religion et la discipline d'un abbé; elle ordonna que son corps y fût enterré. Tout ce qu'elle possédait, soit en propre, soit en acquêt, en deçà de la Loire, c'est-à-dire en France, ou au delà de la Loire, c'est-à-dire en Aquitaine, elle le donna au monastère par un titre de *testamentum*. Quiconque désirera connaître plus complétement sa libéralité, pourra se faire ouvrir les archives du monastère où il trouvera des renseignements certains (1). » Il paraît bien, par cette dernière phrase, qu'Odoran avait trouvé dans les archives de Saint-Pierre l'acte de donation de Théodechilde. Odoran a composé son opuscule sur les origines de Saint-Pierre à l'instigation de l'archevêque

(1) ODORAN, *Opusculum I* : « Adhuc autem Chlotario juniore, tribus fratribus defunctis, superstite, soror ejus, Theudechildis nomine, eo favente, in conspectu Sennensis urbis, ad instar illius quod genitores ejus Parisiis construxerunt, in honore supradictorum apostolorum, monasterium ædificavit, et ut sub sancta religione et abbatis imperio ibidem monachi Deo cunctis diebus deservirent, instituit; corpusque suum ibidem sepulturæ tradere mandavit. Quicquid vero citra Ligerim, id est in Francia, vel ultra Ligerim, id est in Aquitania, sive de possesso seu de adquisito habere potuit, eidem casæ Dei sub titulo testamenti condidit. Quod si quis ad plenum nosse cupit, si ipsius monasterii, ut sunt, reserata illi archiva fuerint pro certo nosse poterit. » (DURU, *Bibliothèque histor. de l'Yonne*, t. II, p. 390.)

Lietry (1), qui siégea de 1000 à 1029. Comme au moment où il écrivait, l'acte reposait déjà aux archives, sa composition est antérieure à Odoran, c'est-à-dire à la fin du xᵉ siècle.

Peut-on préciser davantage ? D'ordinaire l'objet des faux était de favoriser et justifier les revendications des moines sur les terres dont la propriété leur était contestée. Y a-t-il dans l'histoire de l'abbaye de Saint-Pierre une période où elle ait dû défendre ses biens contre des usurpateurs ? En 886, le 30 novembre, les Normands vinrent mettre le siège devant Sens. Les monastères qui entouraient la ville furent pillés et incendiés (2). Plus tard, en 938, d'autres barbares, que Clarius appelle des Hongres, envahirent la France. Ils mirent encore le feu à l'abbaye de Saint-Pierre : les moines, à leur approche, avaient transporté les corps saints dans leur église de Saint-Pierre à l'intérieur de la cité (3). Jusqu'alors le monastère n'avait souffert en quelque sorte qu'extérieurement. Le temps n'était pas éloigné où il allait subir des dommages plus graves, être atteint dans sa substance même, dans son patrimoine. Sous l'archevêque Heldeman (954-959), il tomba entre les mains d'un abbé, ami du luxe, Notran, qui commença la ruine de son monastère, encore à cette époque riche de tous les biens dont l'avait doté la reine

(1) ODORAN *Prologus* : « Igitur in primis de domnæ Theudechildis origine et fine, et loci nostri fundamine ea quæ, Rotberto, piissimo rege, adhortante, et domno Leutherico archiepiscopo commonente, brevi calamo comprehendi, ponere disposui » (DURU, *Bibl. histor*, t. II, p. 387.)

(2) Voyez : FAVRE, *Eudes*, p 64

(3) CLARIUS, dans DURU, *Bibl. histor.*, t. II, p. 482.

Théodechilde (1). L'archevêque Archambaud, fils de Robert, comte de Troyes, acheva l'œuvre de ruine commencée par Notran. Ce prélat imposé par Lothaire (959) arrivait à la dignité épiscopale avec tous les appétits des seigneurs du temps. Il ne vit dans les domaines de son église qu'un moyen de satisfaire ses passions. Il mit la main sur l'abbaye de Saint-Pierre, il s'installa dans les bâtiments claustraux avec ses serviteurs, ses chiens et ses faucons; après s'être débarrassé des moines par l'assassinat. Il administra lui-même le temporel du monastère si l'on peut appeler administration une dilapidation systématique. Les églises, les *villæ*, les terres, il les vendit ou les employa à son usage (2). Un certain chevalier nommé Frodon, qui avait des sentiments pieux, s'émut de tant de sacrilèges. Pour sauver les débris des richesses du monastère, il demanda à l'archevêque pour son fils, qui portait le même nom que lui, la charge de trésorier. Le prélat y consentit; le nouveau trésorier emporta chez lui, dans la cité, les restes du trésor et les chartes du monastère (3).

(1) ODORAN, *Opuscul.* V : «... Notrannus cenobii Sancti Petri prelator efferbuit, gazarum qui et conglomerator strenuus, Nevernensium dignitatem presulatus promeruit muneribus. Ambicionis autem ejus fastu pregravatum Sancti Petri cenobium pene venit ad nichilum. Honestabatur vero illius adhuc in tempore idem locus, pocioribus utrarumque facultatum rebus ditatus a Deo devota Techilde regina... » (DURU, *Bibl. histor.*, t. II, p. 361.)

(2) Voyez sur ces faits bien connus : *Acta S. Saviniani*, dans DURU, *Bibl. histor.*, t. II, p. 361 ; CLARIUS, *Ibid.*, p. 486.

(3) CLARIUS : « Quidam autem miles, Frodo nomine, compaciens ruinæ cœnobii illius, postulavit ab ipso archiepiscopo dari thesaurum Sancti Petri filio suo Frodoni. Factus autem thesaurarius, accepit illud tale ornamentum quod invenit et cartas ipsius cœnobii detulitque omnia in domum suam in civitatem. Fecit autem non cupiditate retinendi sed causa servandi. » (DURU, *Bibl. histor.*, t. II, p. 487.)

Archambaud mort (29 août 967), un prélat aussi pieux que celui-ci avait été impie lui succéda : Anastase, qui, ami des moines, s'occupa de la réforme de Saint-Pierre. Il installa des moines dans l'abbaye, et surtout il rechercha les terres du monastère et les racheta (1). Son successeur Sewin, secondé par son neveu Rainard qu'il plaça comme abbé à la tête du monastère, continua et acheva l'œuvre d'Anastase (2). N'est-il pas naturel de penser que le premier soin d'Anastase fut de reconstituer les archives du monastère ? Cela était nécessaire pour mener à bien l'enquête qu'il ouvrit pour la reconstitution du patrimoine des religieux. Aussi, est-il vraisemblable que c'est sous l'administration d'Anastase, entre 967 et 976 que fut rédigée la charte de Théodechilde, qui, si elle avait existé, avait pu périr soit dans les incendies successifs du monastère, soit lors de la translation des archives opérée par le trésorier Frodon. On y inséra toutes les terres pour lesquelles les moines n'avaient plus aucun titre authentique. C'était une garantie pour l'avenir.

A cette hypothèse on n'opposera pas que la charte de Théodechilde parle du bourg de Mauriac sans faire mention du prieuré qui y fut fondé par l'archevêque Hieremias avant 827 (4), ce qui tendrait à prouver que

(1) *Acta S. Saviniani* : « Cepit ultro terras cenobii inquirere, precio redimeri. » (Duru, *Bibl. histor.* t. II, p. 362.)

(2) *Acta S. Saviniani*, dans Duru, *Bibl. histor.* t. II, p. 363, 365 ; Clarius, *Ibid*, p. 494.

(3) Sur les dates d'Archambaud et d'Anastase, voyez Lot, *Les derniers Carolingiens*, p. 335, 336 et Prou, dans *le Moyen-Age*, année 1892, p. 54.

(4) Clarius : « Ipse (Hieremias) ædificavit cellam in Aquitaniæ, in loco qui dicitur Mauriacus, mutans nomen ejus et vocans Noviacum, in honore

la charte a été rédigée avant cette fondation. Je répondrai que le diplôme de Clovis, qui, comme nous le verrons, a été fabriqué en un temps où le prieuré de Mauriac existait et depuis deux siècles au moins, n'en parle pas davantage. Les moines sénonais ne pouvaient commettre cette grossière erreur de placer les origines du prieuré de Mauriac au VIe siècle ; ils s'en seraient bien gardés, d'autant plus que les moines de Mauriac ayant de bonne heure cherché à rompre ou à détendre les liens qui les rattachaient à Saint-Pierre-le-Vif, les moines sénonais de leur côté s'efforcèrent de maintenir

Sancti Petri, in proprio fundo ipsius Sancti Petri Senonensis, quam Theodechildis, filia regis Chlodovei, et Basolus, comes Arverniæ, ob amorem Dei, ad stipendia monachorum reliquerant. Per deprecationem Frodberti, abbatis cœnobii Sancti Petri Senonensis ipsam cellam construxit et quod homines ipsius pagi terras et prædia Sancti Petri diriperent et in proprios usus retinerent. Instituit autem et monachos regulares de æcclesia Sancti Petri Senonensis, qui illic Deo servirent, quatenus locus ipse prædia et terras, quas adhuc possidebat, ex toto non perderet et ut ipsa cella, Deo auctore, per cuncta tempora sub custodia Frodberti abbatis et ejus successorum esset, et ita gubernarent villas et æcclesias quæ conjacent in Aquitania et Arvernia, in Lemovicensi pago, sicut antecessores sui gubernaverunt. Postulavit autem idem Hieremias archiepiscopus et Frodbertus abbas a Hludowico augusto fieri sibi privilegium de eadem cella et de omnibus appenditiis quæ adjacent cœnobio Santi Petri Senonensis quod et impetravit. » (DURU, *Bibl. hist.*, t. II, p. 471.) — Pour placer la fondation du prieuré de Mauriac avant 827 nous nous basons sur un diplôme de Louis le Pieux, en date du 9 mai 827, aujourd'hui perdu, mais mentionné dans un inventaire des titres de l'archevêché de Sens, rédigé au XVIIe siècle, et cité par Deribier du Châtelet, *Dictionnaire statistique du département du Cantal*, t. IV, p. 217, d'après une note de Quantin : « 827, 9 mai. Confirmation accordée par Louis le Débonnaire à Hieremias, archevêque, des privilèges donnés par lui-même et par ses prédécesseurs aux archevêques pour l'Eglise de Sens, les monastères de Sainte-Colombe, Saint-Pierre, Saint-Jean, Saint-Héracle, et pour le monastère qu'Hieremias a fait bâtir au delà de la Loire. »

le prieuré auvergnat dans leur immédiate dépendance. Les biens de Basolus avaient été donnés à Saint-Pierre-le-Vif : les chroniques et les chartes le répètent sans cesse. Quand Hiérémias avait fondé le prieuré de Mauriac, il s'était proposé d'arrêter le pillage des biens de Saint-Pierre sis en Auvergne, favorisé par l'éloignement des propriétaires.

L'argument qu'on pourrait tirer d'un diplôme de Louis le Pieux, déjà cité (1) serait plus fort. En effet, dans ce diplôme, du 18 mai 822, l'empereur rapporte que Hierémias est venu le trouver et lui a montré que les abbayes sénonaises ont été appauvries par les archevêques eux-mêmes qui ne pouvant faire face à leurs dépenses avec les ressources de leur église, se sont emparés d'une partie des biens des abbayes. L'archevêque a reconstitué leur patrimoine et pour prévenir toute dilapidation ultérieure, il a fait dresser la liste de leurs biens dans un *libellus*. Il prie l'empereur de ratifier son œuvre et de prendre sous sa protection les monastères et leur temporel. Ainsi dès avant 822, Saint-Pierre avait eu à défendre ses propriétés; il serait donc possible que dès 822, à l'époque où l'archevêque Hieremias les aidait à rentrer en possession de leurs biens, les moines de Saint-Pierre eussent rédigé la donation de Théodechilde. Ce qui nous empêche toutefois de placer la rédaction de l'acte faux vers 822, c'est qu'il nous paraît qu'il eût fait double emploi avec le *libellus* de Hieremias, qui, signé de Hieremias, présenté dans un synode à la signature des évêques

(1) Voyez plus haut, p. 26 et note 1.

présents, sanctionné par l'autorité impériale, suffisait à établir les droits de Saint-Pierre et constituait un titre authentique pouvant être produit devant les tribunaux.

La fabrication du diplôme de Clovis est, comme nous l'avons déjà montré, postérieure à celle de la charte de Théodechilde. Au moment où Odoran écrivait, ce diplôme n'existait pas. Comment croire, s'il eût existé, qu'Odoran, qui avait consulté les archives, qui écrivait un opuscule spécial sur la fondation du monastère, ne l'eût pas mentionné? Comment croire que racontant la vie de Clovis il n'eût pas rappelé la part prise par ce roi à l'établissement de l'église des saints apôtres de Sens? Le récit que Clarius (1) a fait des origines du monastère est tout autre. Odoran ne plaçait les commencements du monastère que sous le règne de Clotaire, après la mort des frères de ce roi; Clarius nous dit que Théodechilde commença d'édifier l'église sous le règne de Clovis, avec l'aide de Clovis, permettant à Théodechilde de procéder à sa pieuse fondation et lui fournissant à cet effet les ressources matérielles nécessaires.

La chronique de Clarius s'arrête à l'année 1124. D'autre part, comme il n'est pas vraisemblable qu'on ait rédigé le diplôme de Clovis du vivant d'Odoran, puisque les données de ce diplôme contredisent le récit de cet historien, et qu'Odoran mourut en 1046, c'est entre les deux dates extrêmes de 1046 et 1124 qu'il faut placer la composition du diplôme de Clovis

(1) Clarius, dans Duru, *Bibl. hist.*, t. II, p. 464.

J'ai déjà fait remarquer la complaisance avec laquelle le rédacteur s'étend sur le fait que l'église de Saint-Savinien et celle de Saint-Sérotin étaient le lieu de sépulture des archevêques de Sens, des clercs et même de tout le peuple sénonais. Or nous savons qu'en 1068, quand on entreprit la reconstruction de l'église de Saint-Savinien, l'établissement des fondements du nouvel édifice amena la découverte d'un grand nombre de sépultures (1). Beaucoup de corps étaient décapités : c'étaient les restes des premiers martyrs de la foi. De là l'idée que le monastère de Saint-Pierre avait été fondé dans le premier cimetière chrétien sénonais, à l'entour des sépultures des saints Savinien, Potentien et Sérotin. J'aperçois, pour ma part, un lien étroit entre le passage du diplôme de Clovis, auquel je fais allusion, et l'invention des sépultures de l'an 1068. Il me paraît qu'on retrouve dans le diplôme le souvenir de cet événement qui marqua dans les annales de Saint-Pierre-le-Vif.

Le style du diplôme sent, pour ainsi dire, la fin du XIe siècle. Un diplôme royal conçu dans des termes aussi insolites ne pouvait paraître étrange à des hommes habitués aux diplômes royaux de Henri et surtout de Philippe Ier. A cette époque il n'y avait plus aucune règle pour la rédaction des actes royaux. Les formules mêmes variaient à l'infini : résultat de la désorganisation de la chancellerie royale. Les actes étaient apportés tout rédigés des monastères à la chancellerie. Le rôle des notaires royaux se réduisait à y apposer les

(1) CLARIUS, *Ibid.*, p. 508.

signes de validation. C'est aussi le temps où les chartes sont remplies de récits historiques, comme c'est le cas de notre diplôme. De plus, autant que nous pouvons en juger par la copie du XIVe siècle, qui est, selon nous, une copie figurée du prétendu original, les caractères extérieurs de ce prétendu original, si jamais on le retrouve, ne contrediront pas notre conclusion. Les signes d'abréviation rappellent ceux que nous sommes habitués à voir dans les chartes du XIe siècle, comme aussi la forme des lettres, spécialement des hastes prolongées et légèrement ornées. Il y a même quelque chose de plus caractéristique : ce sont les croix, extrêmement variées, qui précèdent ou suivent les noms des témoins, et surtout la note tironienne déformée qui signifiait *subscripsit* et qui était très usitée dans les chartes de la fin du XIe siècle (1).

Ainsi, je considère le diplôme de Clovis comme ayant été fabriqué peu après 1068, ce qui revient à rapporter cette falsification au temps de l'abbé Gerbert, qui dirigea l'abbaye de 1046 à 1079. Or, c'est sous ce même abbé que fut rédigée, comme l'a établi l'abbé Duchesne (2), la grande passion de saint Savinien.

On ne saurait invoquer, pour préciser l'époque de la composition de la charte de Clovis, un diplôme de Louis VI (3) daté de l'an 1112, et dont un passage a été évidemment emprunté à la charte de Clovis. Le roi Louis VI rappelle que le monastère de Saint-Pierre

(1) Voyez un fac-similé grossier dans BOLLANDISTES, *Acta. Sanctorum*, juin, t. V, p. 368.

(2) Voyez *Bulletin critique*, 1885, p. 107, et 1892, p. 123.

(3) Diplôme publié par QUANTIN, *Cartul. de l'Yonne*. t. II, n° XL, p. 44.

a été fondé à l'est de Sens, au temps de Clovis, par une de ses filles nommée Théodechilde, avec l'aide de son père et que celle-ci l'a doté de ses biens. Plus loin on trouve cette phrase caractéristique : « Illud etiam inserere placuit ut quoddam monasterium quod in Arvernico pago est situm, quodque idem prefatus rex de possessionibus cujusdam *superbissimi ducis Aquitanie, nomine Basoli,* quem rebellantem in montanis cepit et *carceratum* Senonas multo tempore tenuit, tandemque eidem filie sue, ut monachum eum faceret in prefato monasterio... » Si cet acte de Louis VI était authentique, il nous permettrait d'affirmer que la rédaction du diplôme de Clovis est antérieure à 1112; mais cet acte porte dans ses formules insolites des preuves de sa fausseté (1). Il peut donc être postérieur à la date que ses rédacteurs lui ont assignée. Il est notable toutefois qu'il est dirigé contre les moines de Mauriac.

L'idée d'attribuer un rôle à Clovis dans la fondation de Saint-Pierre-le-Vif a été suggérée par la charte même de Théodechilde. D'abord cette reine s'y déclarait la fille de Clovis. De plus, parlant de la pêcherie sous le pont de l'Yonne, elle disait l'avoir obtenue de son père Clovis. Enfin elle associait son père au mérite de son bienfait.

Se réclamer de Clovis, le premier roi de France chrétien, c'était se forger une arme contre les empiètements des officiers royaux sur les droits de l'abbaye de Saint-Pierre. En 1064, l'abbé Gerbert s'était plaint

(1) M. Luchaire tient ce diplôme pour faux. Voyez Luchaire, *Louis VI le Gros*, p. 322.

(2) Quantin, *Cartul. de l'Yonne*, t. I, n° xcvii, p. 186.

à Philippe Ier que ses prévôts levassent injustement des coutumes sur les terres de Saint-Pierre. Le roi avait accueilli les plaintes de l'abbé et lui avait accordé une immunité pour son monastère (1). Il était naturel que l'abbé Gerbert, qui se montra si soucieux de relever le prestige de son église et d'en amplifier le domaine, cherchât par tous les moyens à le défendre contre les spolations si fréquentes à cette époque. Il ne pensait pas à coup sûr commettre un acte indélicat en mettant sous une forme authentique ce qu'il croyait être l'expression de la vérité. En second lieu, le diplôme de Clovis visait les moines de Mauriac, oublieux des origines de leur monastère et animés du désir de se rendre indépendants. Cette lutte entre Saint-Pierre-le-Vif et Mauriac éclate aussitôt après la mort de Gerbert : il est donc à présumer qu'elle était plus ancienne. Le second successeur de Gerbert, Hermuin, mourut à Mauriac en 1096 (2). On ne s'explique sa présence dans ce monastère que par la nécessité où il avait été de ramener les moines à l'obéissance ; surtout quand on voit son successeur Arnaud obtenir du pape Pascal II (3) une bulle confirmant les droits de Saint-Pierre sur Mauriac et ces mêmes droits affirmés encore par le concile de Troyes en 1105 (4), puis une révolte éclater à Mauriac en 1109 (5). Or, le diplôme de Clovis énumère par le menu et avec plus de soin, qu'on ne

(1) QUANTIN, *Cartul. de l'Yonne*, t. I, n° XCVII, p. 186.

(2) CLARIUS, dans *Bibl. histor.*, t. II, p. 513.

(3) Bulle du 10 nov. 1103. Cf. JAFFÉ-WATTENBACH, *Regesta pontificum Romanorum*, n° 5953.

(4) CLARIUS, dans DURU, *Bibl. histor.* t. II, p. 515.

(5) CLARIUS, dans DURU, *Bibl. histor.*, t. II, p. 520.

l'avait fait dans l'acte de Théodechilde, les possessions de Saint-Pierre en Auvergne. Il insiste sur le fait que Basolus a été donné à Théodechilde, corps et biens, pour être remis au monastère de Saint-Pierre; il décrète que les biens de Basolus resteront à tout jamais dans le domaine de Saint-Pierre de Sens et qu'ils serviront à l'entretien de ses moines. C'est pourquoi lorsque les moines de Saint-Pierre rédigèrent, sous le nom de Louis VI, la charte citée plus haut, portant que le monastère de Mauriac, resterait sous l'autorité directe de l'abbé de Saint-Pierre-le-Vif, ils s'appuyèrent sur l'autorité du diplôme de Clovis et transcrivirent le passage relatif au duc Basolus. La fabrication du diplôme de Clovis s'explique donc par le désir de défendre le patrimoine de Saint-Pierre-le-Vif et contre les officiers royaux et contre les religieux de Mauriac.

En résumé, la charte de donation de Théodechilde, calquée sur un acte ou une formule de la fin du VIIIe siècle, a été rédigée avant l'an 1000 et très probablement entre 967 et 976. Le diplôme de Clovis a été rédigé entre 1046 et 1124 et très probalement entre 1068 et 1079.

MAURICE PROU.

www.ingramcontent.com/pod-product-compliance
Lightning Source LLC
LaVergne TN
LVHW022201080426
835511LV00008B/1495